FLORA LEVA

UNA VITA TRA LE MANI

Come Trasformare Un Business Tradizionale In Uno Di Successo

Titolo

"UNA VITA TRA LE MANI"

Autore

Flora Leva

Editore

Bruno Editore

Sito internet

http://www.brunoeditore.it

Sommario

La gioia e l'amore sono
le ali per le più grandi imprese.
Wolfgang Goethe

Prefazione
(a cura di Alina Quintana e Carlo Carmine)

Abbiamo avuto il piacere di incontrare Flora Leva a Rimini circa un anno fa. In occasione dell'evento organizzato da Alfio Bardolla, abbiamo parlato ad una platea di oltre 3000 persone. Il giorno dopo, a colazione, una giovane donna si è avvicinata a noi per salutarci e condividere la sua esperienza, ma soprattutto ciò che la bloccava dal fare il "grande salto": scrivere il suo primo libro. Quella giovane donna, accompagnata da suo marito, era proprio Flora.

Napoletana come me (Carlo Carmine), imprenditrice come noi, ci ha raccontato la sua storia: quella di una famiglia legata al settore manifatturiero che, tra mille difficoltà, è riuscita a crearsi uno spazio nel mondo diventando un brand internazionale, rappresentante di quel Made in Italy che ci rende orgogliosi del nostro Paese. Una storia in cui, però, alla base c'è sempre stato un valore fondamentale: la famiglia.

Un nucleo fatto di cinque persone che lei, metaforicamente, ha saputo rendere con grande forza. Cinque elementi, fragilissimi se presi singolarmente, che tutti insieme scatenano un'energia incredibile. Come le dita di una mano che, insieme, non lasciano andare le cose importanti, collaborano per raggiungere un obiettivo comune. Una mano, dunque, l'arto fondamentale, che "è sicurezza, è amore, è unione, è forza, è carezza, è schiaffo, è passione… è tutto".

Dopo aver letto queste pagine dense di emozione, determinazione, coraggio e valori autentici, siamo davvero onorati di scrivere questa prefazione. Con quella chiacchierata davanti a una tazza di caffè, abbiamo potuto dare a Flora una piccola ma importante spinta verso la realizzazione del suo sogno, dando concretezza ad una storia che vale la pena di essere raccontata.

Ma non è tutto. L'esperienza di Flora è significativa anche da un altro punto di vista. Esprime appieno il valore della formazione per chi vuole centrare obiettivi importanti e ambiziosi. Solo studiando senza sosta, proprio come l'autrice di questo libro, affidandosi a un mentore e seguendone i consigli, è possibile raggiungere i traguardi più importanti. Senza mai fermarsi, ma fissandone sempre di nuovi.

Questo progetto editoriale è sicuramente interessante dal punto di vista dei contenuti perché parla del settore manifatturiero italiano, di quella che è la spina dorsale della nostra economia e che rappresenta un'eccellenza a livello mondiale.

Ma altrettanto affascinante è la storia di come una piccola azienda familiare campana sia riuscita a competere, seppur tra enormi difficoltà, con grandissimi brand internazionali, superando quelli che sono gli ostacoli del 95% delle imprese italiane. E, in questo, la formazione di Flora si configura come l'ingrediente "magico" di un business di grande successo.

Consigliamo pertanto la lettura di questo libro a chi sente il bisogno di nuovi stimoli, guardando il mondo imprenditoriale da un punto di vista differente che possa diventare ispirazione per non arrendersi di fronte alle difficoltà. Perché questa storia, nelle sue molteplici sfaccettature, rivela tutta la forza del settore manifatturiero italiano, di quelle imprese-famiglia che fanno grande il nostro Paese e rappresentano un orgoglio tutto italiano.

Introduzione

Scrivere un libro è sempre stato un sogno ed oggi 30/11/19 sono qui alle 06.00 del mattino a cominciare questa avventura. Da piccola, come quasi tutte le bambine annotavo su di un diario giorno dopo giorno le mie esperienze, ma non ho proseguito a scrivere a lungo.

Prima di prendere questa decisione la strada è stata lunga e "tortuosa". Ho guardato a fondo dentro di me per capire cosa poter dare anche a una sola persona che potesse leggere quello che avevo da dire. Così, ho sintetizzato tutte le mie esperienze di 25 anni di studio e lavoro, che mi hanno consentito di superare le difficoltà e grazie a esse, con questo libro, intendo aiutare te che hai deciso di leggerlo a metterti in gioco e cambiare la rotta della tua vita. Non ritengo di essere una guru dell'economia, e ne intendo indicarti un percorso obbligato, piuttosto ti accompagnerò, attraverso esempi reali, nella trasformazione sia come persona che come imprenditore.

Sono nata il 13 ottobre del 1977 a Napoli, una città meravigliosa, magica e allo stesso tempo piena di contraddizioni, quelle contraddizioni che sempre troviamo in ognuno di noi, quelle contraddizioni che ci portano a essere tutto e il contrario di tutto. Così come un'anima, la mia città vive di luce e oscurità.

Voglio darti gli strumenti sia per la vita privata che professionale, per recidere quelle cattive abitudini che ci portiamo dietro da sempre e che magari non ci appartengono, per cominciare ad essere una versione migliore di te stesso.

Eccomi qua a cominciare da me.

Capitolo 1:
Come valorizzare l'azienda familiare

Parlare di me stessa, della mia famiglia e del mio lavoro celebrando le mani è un grande privilegio. La mia famiglia di origine è composta da 5 componenti che, come le dita di una mano, hanno tenuto unito, nonostante tante difficoltà e vicissitudini negative, un sogno: "quello dell'azienda artigianale familiare della produzione di guanti in pelle".

In questo libro, ti racconterò un po' la storia mia e della mia famiglia, per dimostrarti quanto si può fare grazie all'unione e alla perseveranza. È una sintesi della mia vita, che ampiamente avvalora quello che intendo provare.

La mano, l'arto fondamentale per la nostra vita, è sicurezza, amore, unione, forza, carezza, schiaffo, passione. La mano è tutto. Con le mani lavoriamo con passione quel guanto in pelle che per essa è protezione, calore, eleganza fino a diventare un vero e proprio stile di vita. Ti sembrerà un paradosso eppure è così, le mani, nel mio caso proteggono altre mani. Analizzando il concetto di mano mi sono imbattuta in una definizione del coach Simone Teso che riflette perfettamente la mia "realtà" familiare e lavorativa.

"Le mani sono composte da 5 dita, se prendiamo singolarmente ognuno di loro ci accorgiamo che nessuno di essi è uguale all'altro, perché ciascun dito ha una funzione propria e peculiare. Qual è la forza di ciascuno? Pochissima. Prese singolarmente le cinque dita sono fragilissime. Ma se queste dita si stringono in un pugno e si coordinano con la tecnica e la volontà di colpire nel modo giusto e di vincere, di essere competitive, allora queste cinque dita, così fragili individualmente, assumono una forza devastante".

Questo è il concetto di squadra nella mia famiglia.
"Le singole persone lavorano tutte insieme nel modo giusto, in modo complementare, a formare un'unica forza, e sono unite dallo spirito di squadra che spinge a lottare per il risultato comune". Da sempre inconsapevolmente, la mia famiglia è stata unita come una mano e che a protezione della mano, ha lavorato.

Mio padre è il Mastro Guantaio per eccellenza, del guanto in pelle. Seguendo le orme paterne ha proseguito una tradizione napoletana centenaria, arrivando alla consapevolezza e al valore assoluto che essa possiede. Sin da piccola ho vissuto all'interno di questa realtà in cui ogni giorno ero a contatto diretto con la pelle dei guanti, che per un periodo della nostra vita abbiamo prodotto addirittura in casa.

La mia famiglia ha superato tanti periodi di grandi difficoltà, ma sempre insieme, unita, ha cercato con coraggio di superarli ed ognuno di noi cinque oggi è il risultato di queste esperienze.

L'inizio…

Fino all'età di 9 anni, anno in cui ho ricevuto la prima comunione, ho vissuto in un ambiente in cui c'era abbondanza, successivamente è cominciato a mancare tutto dal denaro alla serenità. Perché è proprio così anche se tante persone, (a causa di paradigmi religiosi o comunque di convinzioni limitanti che ci hanno trasmesso, per esempio che il denaro è sporco, oppure che le persone ricche sono cattive), non vogliono ammettere che quando manca il mezzo che consente di vivere liberamente, manca la serenità.

Da quell'anno, 1986 la strada per mia famiglia è stata tutta in salita, ovviamente gli episodi e le vicissitudini sono stati tanti e più o meno importanti. Se sono qui a raccontarlo è solo per esprimere che con la forza e la costanza si superano le difficoltà.

I miei genitori in un certo momento della loro vita, avendo compreso di dover cominciare un nuovo percorso, decisero di adibire una parte della nostra casa in fitto, a fabbrica, iniziando così una piccola produzione che ci consentisse di vivere. In quegli anni niente ha abbattuto i miei genitori e credetemi di problemi ne avevano tanti.

La condizione di disagio in casa è durata circa 10 anni, dopodiché c'è stato il passaggio della produzione in un piccolo laboratorio. Mia madre e mio padre, aldilà di qualsiasi problema economico e lavorativo, hanno garantito sempre a noi figli un'istruzione e hanno fatto sempre in modo che non mancassimo di nulla, soprattutto della loro presenza.

Questo atteggiamento di sfida contro le ostilità ci ha fatti crescere con l'idea che la vita va affrontata con l'unione. Dieci anni dopo avevo finito anche il liceo scientifico e cominciato l'università, proprio durante quegli anni ho imparato, grazie alla pratica presso uno studio commercialista, a curare la parte fiscale della piccola realtà di famiglia che stava cominciando ad uscire dal buio.

Le scelte di una giovane laureata e il richiamo alle radici

Dopo la laurea in Economia Aziendale, pensavo fosse importante fare varie esperienze prima di decidere quale dovesse essere il mio lavoro per la vita, ma dopo pochi mesi in cui lavoravo in un centro commerciale come responsabile dell'amministrazione, il richiamo della famiglia si era fatto sentire già forte fino a farmi decidere di lasciare il lavoro.

Sono la maggiore di 3 figli, ho una sorella più piccola di 5 anni, e un fratello più piccolo di 7 anni, per questo motivo mi sono sempre sentita più responsabile ed in particolare di non abbandonare quella realtà che mi aveva dato la possibilità di studiare.

Un anno dopo, per la curiosità di imparare, mi sono ritrovata a fare la segretaria di direzione in un'azienda di telemarketing. Grazie al mio capo ho appreso tante competenze e ho imparato a gestire le problematiche di un'impresa che da un momento all'altro si è ritrovata, da leader del settore delle telecomunicazioni a essere in forte crisi.

Quest'esperienza, che sia sotto il profilo umano che lavorativo mi ha fatto crescere tanto, mi ha aiutato a imparare come coordinare tante dinamiche finanziarie difficili, e mi è servita nel futuro per poter gestire quelle della mia azienda. In quel periodo, per me memorabile, ho compreso che non potevo rimanere inerme a lavorare per qualcuno che non fosse la mia azienda-famiglia.

Ancora una volta il richiamo alle radici è stato così potente da indurmi a lasciare anche questo lavoro e portarmi ad effettuare dei cambiamenti radicali non solo lavorativi nella mia vita. In quel fatidico momento è cominciata una fase della mia esistenza che ho denominato così: "il momento dell'onnipotenza". Con l'idea di aver fatto esperienza, di aver aperto gli occhi ad uno scenario della vita diverso e con l'idea di avere una cultura universitaria, mi ero arrogata il diritto e il dovere di poter salvare la mia famiglia.

Prima di mettere a posto i conti, prima di capire se l'azienda fosse sana e potesse affrontare una crescita, pensavo in grande, quindi coinvolgevo i miei genitori a partecipare a fiere all'estero per internazionalizzare il nostro prodotto.

Dal 2002 al 2008 sono stata in prima linea con i miei genitori a guidare l'azienda che, nonostante tante incertezze legate all'amministrazione delle finanze, era riuscita a farsi conoscere anche fuori dal territorio nazionale. Sempre presente in mio padre è stata la forza e la passione per il suo lavoro, per i suoi splendidi guanti che, come dei figli, ha sempre curato e coccolato.

In quegli anni è avvenuta una crescita esponenziale della produzione e dei clienti, ma non avendo sotto controllo l'aspetto finanziario per affrontare le nuove produzioni, abbiamo cominciato a lavorare anche servendoci di aiuti esterni.

I miei genitori fieri di me, perché ero la prima figlia laureata, mi avevano lasciato guidare una Ferrari senza realizzare che fosse un'auto speciale, certo avevo tutte le buone intenzioni e le capacità oggettive di vincere il gran premio, ma non avevo né l'allenamento, né le competenze del pilota esperto. Presa dalla voglia di vincere e di dimostrare ai miei genitori e ai miei fratelli che avevano fatto bene a fidarsi di me, ho commesso molti errori.

Ricevere una possibilità, ed esserne grati

Un giorno di maggio del 2005 ricevo una telefonata da un "ipotetico" cliente che è pronto a comprare tutta la produzione disponibile di magazzino per l'apertura di un nuovo negozio a Venezia. Quel cliente, diventato poi nostro partner, ma soprattutto il mio mentore nella gestione dell'impresa, è stato fondamentale per lo sviluppo della nostra piccola azienda. Ha aperto in Europa 5 negozi tra Parigi Bruxelles e Venezia con il marchio "Jb guanti".

Da lui ho imparato tante cose ricevendo molti consigli, ma purtroppo, non sempre sono riuscita a metterli in pratica subito, forse a causa dei forti retaggi culturali della mia realtà in quel periodo. Un insegnamento fondamentale, che ho cercato di fare mio, è stato quello di mantenere sempre la parola data in qualsiasi ambito della vita. Grazie a tanti rimproveri e consigli ricevuti, che mi hanno fatto maturare, ho cambiato il modo di vedere le cose.

Ancora oggi lavoriamo per lui e gli siamo tutti molto grati per il suo lato umano, per la disponibilità e la fiducia che ha sempre dimostrato a me e a tutta la mia famiglia. Da quel momento c'è stato ancora un altro cambiamento, che se avessi subito gestito bene, avremmo affrontato la vita in discesa. In quel periodo molto pesante per me, inconsapevole delle scelte sbagliate fatte, a poco è servito tutto quel lavoro.

Se in quegli anni avessi avuto l'intelligenza finanziaria e le competenze che mi servivano per gestire in modo efficace l'azienda, avrei potuto saldare tutti i debiti, farla crescere sana, e oggi sarei felice di aver dato i benefici che speravo e sognavo alla mia famiglia, ma anche le soddisfazioni più grandi a me stessa per esserci riuscita. Ma, ringrazio tutti i giorni per aver vissuto quelle esperienze, perché oggi grazie a esse sono competente e preparata.

L'unione fa la forza

Ovviamente durante quegli anni i miei fratelli sono cresciuti inconsapevoli di tanti problemi, perché sia i miei genitori che io cercavamo di proteggerli il più possibile. Poi, dopo il diploma di Ragioneria mio fratello e dopo l'università di Economia Aziendale mia sorella, hanno cominciato ad affiancarmi nella conduzione che da sola mi aveva portato a seguire una rotta sbagliata.

Grazie alla loro entrata in azienda ho compreso che da sola non avrei potuto farcela, una sola persona seppur volenterosa, non può gestire tutto anche in un piccolo laboratorio artigianale. In quel preciso momento ho capito che insieme saremmo stati una potenza. Ho compreso che quando si fa parte di una famiglia-azienda è un vantaggio e che da soli non si va lontano.

"Non esistono problemi che non possiamo risolvere insieme, e pochissimi sono quelli che possiamo risolvere da soli."

Lyndon B Johnson

Pian piano le problematiche che io e i miei genitori celavamo, iniziavano a venir fuori e se da un lato, c'era la guerra delle colpe, dall'altro cominciavo a liberarmi del fardello che da sola portavo sulle spalle. L'esperienza personale semplicemente mi ha insegnato che: l'unione fa la forza.

La scelta di rimanere in azienda condivisa anche da mia sorella e mio fratello, venuti in mio soccorso nella gestione pratica, commerciale, amministrativa e fiscale, è stata per me la prova più importante per comprendere quanto amore e positività ci hanno trasmesso i nostri genitori.

Posso assicurare che non è facile andare d'accordo, come in tutte le famiglie ci sono contrasti, incomprensioni e quando si uniscono a quelle lavorative non si può immaginare cosa possa accadere. Tutti insieme, tutti i giorni siamo cresciuti e abbiamo convissuto come in un perenne grande fratello.

Due generazioni a confronto, cinque modi di comunicare, ragionare, e affrontare le incertezze in maniera diversa, ma uniti da un unico denominatore comune: la voglia di vincere. Cinque caratteri diversi, ognuno dei quali con le proprie peculiarità pregi e difetti, messi insieme danno un risultato eccezionale.

Oggi dopo qualche anno, posso affermare che, grazie all'obiettivo comune e al rapporto a volte simbiotico siamo riusciti in una grande impresa. Attraverso la condivisione di un unico obiettivo siamo riusciti a raggiungere da "zero" una remunerazione che consente di vivere uno stile vita dignitoso ad ognuno di noi.

In questa sede mi sento di condividere con te quello che era il *modus vivendi* di un uomo onesto quale mio padre, fino a qualche anno fa, che per anni ho seguito per inerzia nonostante razionalmente non approvassi. Mio padre ha sempre assicurato, nonostante tutto, a chi lavorava per lui e con lui, una retribuzione che egli stesso non riusciva a garantirsi.

Quando il giorno di paga rimanevamo senza soldi, era una grande sconfitta. Mi chiedevo il perché accadeva e perché non riuscivo a cambiare questa cattiva abitudine (non riuscivo ad uscire dalla ruota negativa) e mettere da parte anche le nostre paghe. Finalmente questo processo si è interrotto solo quando ho compreso, insieme ai miei fratelli, il valore del nostro lavoro, del nostro tempo e poi grazie a mia sorella che è stata bravissima nel far rispettare alcune regole importanti e corrette per la tutela della nostra famiglia.

Il 2015 è stato un anno particolarmente decisivo per comprendere se la nostra attività dovesse avere un futuro, ma come sempre le grandi complessità e le problematiche ci hanno tenuti uniti per arrivare a superare le difficoltà.

Superare i fallimenti

Tante volte ho ascoltato discorsi di Antony Robbins sul fallimento e per l'ennesima volta proprio stanotte ho guardato un video di Daniele di Benedetti, suo esperto studente e formatore che approfondisce proprio questo tema che tutti fanno fatica ad affrontare: il fallimento.

Con grande "fierezza" posso affermare che durante la mia vita sia lavorativa che relazionale mi sono trovata davanti a tanti fallimenti, ma poi ho deciso di ripartire proprio da essi. Tutti almeno una volta nella vita falliscono, nelle azioni, nelle relazioni, nel lavoro e grazie ad essi, diventano, se riescono a comprendere il motivo o addirittura ringraziare per aver ricevuto quella difficoltà, delle persone migliori e capaci di affrontare i problemi nel modo giusto.

Perché sempre, per ogni problema ci sono più soluzioni. Come sintetizza Karl Popper nel titolo del suo ultimo libro: "Tutta la vita è risolvere problemi". Infatti in famiglia abbiamo sperimentato ciò per una difficoltà molto ardua che abbiamo affrontato. Le soluzioni erano tante ma, presi dalle emozioni negative del momento difficile, abbiamo scelto una strada, poi razionalizzando, e grazie alla possibilità concreta di agire indirizzati da professionisti competenti, che non finirò mai di ringraziare, abbiamo imboccato il percorso giusto per uscire dal tunnel.

Altrettanto significativo, che ha messo a dura prova la coesione e l'unione della nostra famiglia-azienda, è stato l'acquisto di un modulo al Polo della Qualità (polo manifatturiero sorto e fallito nell'area di Caserta Sud in Campania al quale avevano aderito tante aziende illustri del Made in Napoli quali Marinella, Kiton, e tanti altri artigiani della filiera della pelletteria).

In quel progetto avevamo investito non solo risorse finanziarie, ma soprattutto i nostri sogni, che poi si sono vanificati quando gli amministratori del consorzio hanno frodato tutti i consorziati. Sicuramente potrei enunciare altri piccoli e grandi fallimenti, ma quello che sento di dirti ancora è che se non avessi fatto queste esperienze, non sarei la persona di oggi.

Durante il mio percorso ho conosciuto tanti formatori attraverso libri, di persona e tutti, in modi diversi, hanno contribuito a farmi comprendere quello che è fondamentale per me. La cosa meravigliosa è che per ognuno di noi le cose importanti sono diverse e bisogna rispettare i valori degli altri, anche se spesso annebbiati da mere frivolezze. Tutti hanno una propria realtà soggettiva che deve essere rispettata.

Il momento della comprensione arriva sempre e la cosa, a volte poco facile, è saperlo cogliere per arrivare alla propria essenza. La vita nelle sue sfaccettature, ci parla tutti i giorni, ma noi presi dall'ego e dalla routine lasciamo andare i messaggi che ci arrivano.

Conosciamo tanti personaggi che sono riusciti a vincere nella vita grazie ai fallimenti, le storie più famose ed eclatanti che tutti raccontano sono quelle di Thomas Edison che dopo tanti tentativi che hanno portato a non inventare la lampadina è riuscito a trovare la strada per la luce, lo stesso Anthony Robbins che grazie ad un'adolescenza inquieta è riuscito a diventare il formatore più influente e conosciuto al mondo.

Quello che sento di dire è che ci sono due lati della medaglia: importantissimo il primo, che è quello di rispettare sempre le proprie possibilità e il secondo, quello che solo spingendosi oltre i propri limiti si può arrivare lontano. Questi due pensieri sembrano opposti, ma sono molto vicini e basterebbe mixarli per trovare un equilibrio vincente.

Sin da quando io e i miei fratelli eravamo piccoli, i miei genitori hanno sempre fatto di tutto per darci il massimo, quel massimo che era per loro ovviamente, ma noi figli nonostante ricevessimo tutto, sentivamo che quel tutto era instabile e precario. Quindi, solo oggi da genitore posso comprendere quanto soffrissero, e li ringrazio perché mi hanno insegnato ad andare avanti con dignità ed energia positiva rispetto alle ostilità e alle cadute della vita.

In realtà come per tutte le cose, non so se sia giusto quello che hanno fatto in valore assoluto, perché quando si cresce con una visione che tutto è possibile, che tutto si può fare, di sicuro ci si trova nella condizione di non poter comprendere il modo giusto per arrivare all'obiettivo.

Negli anni in cui ero ancora sola, come figlia a lavorare, ho amministrato male l'aspetto economico perché seguendo l'esempio del tutto è possibile dei miei genitori, che non dicevano mai no, l'azienda era diventata il nostro genitore che realizzava i desideri di ognuno di noi. Non avevo compreso che l'azienda non fosse il genitore, ma soprattutto che io, non ero il genitore di tutti. Quell'atteggiamento immaturo mi ha portato tanti problemi, ma grazie a essi, oggi sono una persona che guarda oltre i limiti, quei limiti che si pongono tutti.

Quegli anni sono stati per me molto controversi in quanto in tutte le aree della mia vita c'erano contrarietà e io cominciavo a stare male per la precarietà che vivevo. Cercavo di comprendere qualcosa in più di me stessa, frequentando, insieme ad amiche alcune delle quali, oggi ho perso un po' di vista, un percorso di crescita spirituale, che mi portasse alla consapevolezza delle scelte prese e da prendere.

Ho frequentato corsi sulle Emozioni, sull'Autostima, Radioestesia e Reiki di vari livelli, fiori di Bach, ho ascoltato la voce di maestri seguaci di Osho e ho appreso tante cose. Sono entrata in contatto con la mia essenza e non vi nascondo che insieme a tutto il resto è servito a farmi diventare una persona diversa.

Quando insieme ai miei cari ripenso a quel periodo, lo faccio con il sorriso sulle labbra perché fortunatamente ho incontrato delle brave persone, ma avrei potuto incontrare degli impostori che avrebbero potuto manipolarmi e farmi stare ancora più male vista la mia fragilità. Ovviamente non ho mai pensato di abbandonare tutto, ma nel tempo ho compreso quale fosse il mio ruolo e quale invece avevo interpretato fino a quel momento. Da lì è cominciato il mio cammino verso il cambiamento che spesso mi ha portato a grandi e forti scontri all'interno del mio nido familiare.

La mia curiosità verso nuove conoscenze non si è mai arrestata e ci sarà sempre, perché ho fatto mio il concetto socratico del *"sapere di non sapere"* e soprattutto *"una vita senza ricerca non è degna per l'uomo di essere vissuta"*.

Oggi, cresciuta con una mia famiglia, considero che ogni giorno come compagna, sorella, amica, amante e soprattutto come mamma potrei fallire e in ognuno di questi ruoli mi impegno a leggere i messaggi che mi arrivano, per riuscire a rispettare il dono più grande che ho ricevuto: la vita.

Per me la vita è mia figlia, ossia l'essenza del mio essere, il futuro di quei valori che ogni giorno cerco di arricchire e se sarò brava e rispettosa, ella un giorno potrà condividere.
Negli ultimi anni, analizzando i miei comportamenti e in generale quelli delle persone che mi circondano e cercando di capire da dove provenissero, ho compreso grazie anche alla PNL

(Programmazione Neurolinguistica) che il nostro cervello può essere resettato rispetto a quello per cui è stato programmato.

Per raggiungere la "felicità" così come intesa da Bandler (fondatore della PNL), ogni uomo deve liberarsi di tutte le convinzioni limitanti, prendere il controllo delle proprie emozioni per godere della propria vita, quindi qualsiasi opinione, pensiero e idea possono essere trasformati, stravolti attraverso le azioni.

Proprio Bandler con il suo modo provocatorio dice: *"Se non scegliete di agire, potrete ritrovarvi a vivere nelle catene dei liberi, all'interno della più terribile tragedia che questo mondo abbia mai conosciuto"*.

RIEPILOGO DEL CAPITOLO 1:

- SEGRETO n. 1: concepire la famiglia come squadra: tutti uniti come una mano per un unico obiettivo, come l'unione di una famiglia rende forti contro le ostilità. Essere uniti è una esigenza e grazie alla volontà dei singoli e alla forza dell'unione si riesce a trovare la strada per la vittoria.

- SEGRETO n. 2: sentire le proprie radici è importantissimo soprattutto nei momenti difficili perché ci riconducono alla realtà. Insieme alla perseveranza ci portano ad affrontare le difficoltà con grande forza.

- SEGRETO n. 3: le scelte, le responsabilità e la gratitudine verso le persone e l'universo sono importanti per creare un circuito di successo. Grazie alla condivisione delle problematiche e alle scelte per risolverle si raggiunge la consapevolezza che l'unione fa la forza.

- SEGRETO n. 4: tutti i tipi di esperienze ci arricchiscono, sono sempre necessarie per il miglioramento. Mai pensare di essere arrivati e onnipotenti. L'umiltà nella vita è un dono che ripaga. Per superare i fallimenti, analizziamoli e prendiamo da essi gli insegnamenti importanti per arrivare alla nostra essenza e per comprendere i nostri futuri obiettivi.

Capitolo 2:
Le dinamiche relazionali nelle aziende-famiglia

La mia storia, come quella di tante donne e figlie, fa parte di un tessuto sociale italiano che da secoli ormai permea la nostra Nazione e soprattutto il meridione nelle realtà piccole e medie. Per analizzare le realtà generazionali delle aziende italiane possiamo partire da un aspetto psico-relazionale, cominciando a studiare l'interazione tra i codici affettivi e le dinamiche di genitura che nascono in ogni famiglia.

Secondo lo psicologo Giancarlo Trentini all'interno di ogni gruppo familiare ci sono due codici affettivi: il codice materno, inerente la dinamica delle sicurezze e il codice paterno, inerente l'elaborazione della cultura. I codici affettivi prendono forma già nei primi istanti di vita in cui i bambini instaurano rapporti prima con la madre e successivamente con il padre.

Riconduciamo la figura materna a colei che gratifica, protegge, soddisfa viene incontro, si prende cura, lava e pulisce, colei che soddisfa i bisogni primari. La figura paterna, invece, si concretizza verso il settimo mese nella vita dell'essere umano, il padre irrompe nella vita del bambino infrangendo il dualismo che si è creato con la madre. La figura paterna apre la strada alla vita, alla creatività, al progetto, al futuro.

Tutto questo nel tempo porta, tra gli attori della famiglia, a un contratto psicologico-relazionale che sulla base di motivazioni personali conduce alla realizzazione del proprio essere, il tutto attraverso il lavoro. Quante volte sentiamo queste frasi: "Vorrei che mio padre fosse orgoglioso di me" o ancora "Quanto vorrei che mio padre condividesse il mio successo e ne fosse felice".

Per capire meglio il ruolo che il padre imprenditore deve affrontare nella vita dei figli, basta pensare alle aspettative sociali legate alla figura paterna. Un padre deve mixare bene l'amore con la forza, l'amore protettivo non basta, un padre deve essere vincente. Infatti nel passato il suo ruolo oltre che vincente era duro, volitivo e spesso lontano per necessità, ma sempre trionfante per essere buono, forte e comprensivo.

Un uomo buono e comprensivo, ma non vincente non è un imprenditore, tanto meno un padre adeguato. Quindi, tutto questo porta socialmente a creare degli stereotipi malati che creano problemi nelle relazioni affettive e lavorative delle famiglie.

Allo stesso modo l'interdipendenza tra i vari soggetti all'interno del gruppo familiare fa nascere dei ruoli-identità per ogni componente che anche in questo caso crea stereotipi a volte pesanti da sopportare. Non solo i genitori sono diversi tra loro, ma anche i figli in funzione della posizione ordinale (primogenito, secondogenito, terzogenito, ecc.). Il primogenito alla nascita dispone di tutte le risorse messe a disposizione dai genitori, esso è il depositario di regole e valori della famiglia.

Secondo Schacther, il primogenito ha una tendenza affiliativa nella famiglia, cioè più degli altri cerca di risolvere le divergenze che sorgono, è colui predestinato ai codici di funzionamento della famiglia e anche se non lavora insieme agli altri sente il dovere e la responsabilità della continuità.

Il secondogenito quando nasce si inserisce in un contesto bene equilibrato, in cui il primogenito era l'unico fruitore di tutto.

Pertanto diventa detentore di cambiamento all'interno del nucleo familiare per la conquista del proprio spazio vitale, tanto da innescare continui mutamenti per raggiungere la stabilità familiare. Tenderà ad avere una gestione della continuità generazionale spesso diversa dal primogenito.

Il terzogenito sin dalla nascita si trova di fronte ad una duplice scelta: schierarsi dalla parte dei fratelli o entrare in conflitto con loro. Infine la dinamica dell'ordine di genitura e quella dei fratelli finiscono all'interno di patti e regole mai scritte delle imprese-famiglia.

Fratelli e sorelle in azienda: una risorsa preziosa
Fratelli e sorelle ricoprono in azienda ruoli diversi e quando si trovano al comando sono spesso osservati con preoccupazione e con qualche stereotipo. *Fratelli-coltelli* è l'espressione usata nei conflitti tra *sibling*.

Per andare d'accordo e non avere incomprensioni è molto importante comprendere come migliorare il capitale fraterno partendo dalle caratteristiche di ognuno di essi. Esse devono diventare unite, un punto di forza per la continuità e il successo delle aziende familiari. Il legame tra fratelli è per la vita. Nessun'altra relazione è lunga come quella fraterna, qualsiasi litigio o incomprensione non può cancellare lo stesso sangue e qualsiasi difficoltà si presenti viene affrontata in maniera coesa come da piccoli.

Quando al rapporto fraterno si aggiunge il rapporto lavorativo, le relazioni diventano più intense e si devono basare su una stima e fiducia reciproca. Fratelli e sorelle per definizione sono diversi per ordine di nascita e quindi per anzianità, per carattere e per modo di rispondere alla vita.

Per mitigare gli aspetti di complessità all'interno delle aziende familiari bisogna lavorare sul capitale fraterno. Esso è una specie di capitale sociale che appartiene ai *sibling* (fratelli) ma anche alla famiglia e all'azienda. Il capitale fraterno è la miscela ideale di tante cose insieme: aspettativa, collaborazione, valore, visione, linguaggio comune, comunicazione, confronto, decisione.

Qualità importanti da alimentare ogni giorno sono: saggezza, disciplina e amore per la famiglia. Solo grazie alla perseveranza e alla volontà questo capitale cresce sempre di più fino a diventare invincibile. Molto spesso, l'azienda di famiglia ragiona come si ragiona in famiglia: è molto fragile, perché si nutre di sentimenti umani.

Descrizione delle realtà aziendali a conduzione familiare

In Italia si stima che le aziende familiari siano circa l'85% del totale delle aziende. Considerato ciò, è fondamentale studiare le difficoltà generate dalla sovrapposizione dei ruoli familiari e aziendali.

Definiamo la "famiglia-azienda" quella famiglia che gestisce contemporaneamente le normali vicende interne familiari, in sovrapposizione agli affari finanziari e lavorativi di una società che coinvolge uno o più genitori, con uno o più figli. Si può trattare sia di un'azienda di produzione che di servizi.

Secondo Cosimo Talò, psicoterapeuta delle relazioni familiari, ci sono tematiche molto importanti da affrontare per vivere al meglio nelle cosiddette famiglie-aziende. Lui parte dal ciclo di vita familiare di Carter e McGoldrick, poi evidenzia come crescere in una famiglia-azienda, la centralità del denaro, il mito familiare nelle famiglia-aziende, le aspettative e le coppie *coworkers*.

Secondo Carter e McGoldrick, il ciclo vitale della famiglia può essere suddiviso in sei fasi:

1. *giovane adulto senza legami,* il quale ha il compito emozionale di differenziarsi e definire il proprio sé rispetto ai familiari;

2. *formazione della coppia,* in cui il compito emozionale è quello di creare l'identità della coppia, con conseguente ridefinizione delle relazioni con le famiglie di origine;

3. *famiglia con bambini piccoli,* in cui il figlio deve essere accettato come nuovo membro del sistema. Si sviluppano i ruoli genitoriali e vengono nuovamente rinegoziati i rapporti con le famiglie di origine;

4. *famiglia con adolescenti,* in questa fase i confini familiari divengono sempre più flessibili al fine di permettere lo svincolo dei figli;

5. *famiglia con figli adulti che escono di casa,* la famiglia, in questo caso accetta movimenti di uscita ed entrata sempre più numerosi. È la fase del nido vuoto;

6. *famiglia nell'età anziana,* fase in cui è indispensabile acconsentire il cambiamento dei ruoli generazionali, conservare il funzionamento della coppia e sostenere i giovani.

In ognuna di queste fasi si ripropone la lotta per lo svincolo familiare dell'individuo dalla sua famiglia di origine. Lo svincolo è quel processo di progressivo allontanamento emotivo (non necessariamente fisico) e la costruzione di un'autonomia affettiva, esistenziale ed economica.

Esso non è un processo a carico del singolo individuo ma, al contrario, è un'idoneità dell'intero sistema familiare. Non è il giovane che non sa svincolarsi (liberarsi), ma è il sistema familiare, inteso come il campo [Lewin, 1964] delle relazioni tra genitori e figli, che non permette lo svincolo. Viene quindi da chiedersi: è possibile avere un completo svincolo quando si cresce in una famiglia-azienda?

Nelle famiglie-aziende i ruoli familiari e manageriali si sovrappongono e, troppo spesso, si confondono. Non è sempre facile per il figlio-dipendente rapportarsi col padre-datore-di-lavoro e, reciprocamente, per una padre-imprenditore non è scontato non avere aspettative e richieste diverse da quelle che avrebbe per un "semplice" collaboratore.

A tavola mentre si pranza o comunque all'interno degli spazi di vita della famiglia, si conducono conversazioni e confronti legati agli affari. D'altro canto, può capitare che nei corridoi o negli uffici dell'azienda si discutano temi e bisogni legati alla famiglia. Tutte le nostre relazioni sono, in qualche modo, vasi comunicanti e quello che succede in una sfera (per esempio, familiare) ricade inevitabilmente sulle altre (per esempio, lavorativa e sociale).

La famiglia è la famiglia

Essa deve essere protetta e deve poter attraversare tutte le normali crisi che descrivono il suo ciclo vitale col minimo contagio di dinamiche estranee al rapporto genitore-figlio.

La centralità del denaro

Una delle problematiche che spesso si riscontrano nelle famiglie-aziende è la centralità del denaro come ulteriore elemento di gestione delle dinamiche familiari. Si pensi, per esempio, all'emancipazione del figlio nella fase di giovane adulto. O a quanto il denaro sia spesso usato come rinforzo o punizione nell'educazione dei figli. Ma nelle famiglie-aziende il tema del denaro è più pervasivo.

Lavorare con i propri figli è un investimento economico oltre che affettivo. Loro saranno bravi come sarebbero stati altri lavoratori che avevano un curriculum migliore? Nelle famiglie-aziende spesso di parla di affari quando si discute di famiglia e si parla di famiglia quando si discute di affari.

Il mito familiare nelle famiglia-aziende

Il "mito familiare" è un complesso quadro di storie, aneddoti e credenze che descrivono l'identità (idealizzata) della famiglia. È una forma di "narrazione implicita" che origina e organizza il chi siamo (o, meglio, il chi pensiamo di essere) come famiglia.

Byng-Hall (1996) individua in ogni storia familiare e nella mitologia sottostante, quattro elementi costitutivi:

- gli aneddoti: storie raccontate per divertimento, con un eroismo spesso esagerato rispetto alla realtà;
- le leggende: storie pittoresche e inverosimili tramandate di generazione in generazione;
- le fiabe o storie di copertura: circostanze mai accadute;
- i segreti: fatti tramandati da un componente all'altro, dietro promessa di non farne parola con nessuno. Di fatto divengono

noti a gran parte della famiglia, ma attraverso la costituzione di coalizioni tra pochi membri.

Lo stesso autore descrive poi tre gruppi di "immagini di ruolo": ideali (i comportamenti ai quali ognuno aspira), ripudiate (quei comportamenti disapprovati o persino considerati proibiti) e consensuali (i comportamenti accettati e condivisi).

Le aspettative

Le aspettative possono essere di tipo *top-down,* da parte dei genitori-imprenditori verso i figli-eredi, ma anche di tipo *botton-up,* da parte dei figli verso le generazioni precedenti. Riguardo ai primi, possiamo avere genitori che si aspettano che i figli siano sempre all'altezza del compito, che siano sempre meglio degli altri dipendenti e che siano "devoti alla causa dell'azienda".

Per quanto riguarda le aspettative *botton-up,* possiamo avere figli si aspettano che i genitori non sbaglino mai un affare. Colludendo con un'immagine idealizzata del genitore infallibile che li proteggerà per sempre, ogni affare non perfettamente riuscito verrà visto come un fallimento come padre prima ancora che come imprenditore. In entrambi i casi l'errore non è concesso, nessuno può sbagliare.

Nelle aspettative *top-down* i figli non sono liberi di sbagliare e di apprendere dagli errori. *"Il fallimento è la madre di tutti i successi"*, dice un detto coreano. Ma questo non è vero in questo tipo di famiglie. Chi cresce senza la libertà di sbagliare non cresce veramente, condannato com'è ad un solo risultato accettabile: l'eccellenza. Ma questo avviene anche per le aspettative *botton-up,* in cui il genitore-imprenditore non può rinunciare alla maschera del vincente.

Le coppie coworkers

Uno spazio importante proprio nel discorso tra le dinamiche relazionali e quelle lavorative merita il fenomeno delle coppie marito-moglie, che sono anche impegnati nella stessa impresa, attività o progetto lavorativo. Molto di quello che si è detto finora sulle relazioni genitori-figli (il piano verticale) vale anche per le relazioni di coppia (il piano orizzontale).

Il rischio è quello di "andare in continuità" quando si rientra in casa. Questo avviene spesso in maniera automatica poiché l'essere umano non sa cambiare registro relazionale in pochi minuti. Tanto più quando la coppia *coworkers* passa moltissime ore del giorno in assetto da lavoro e spesso lo fa negli stessi spazi della casa. Cambiare modelli relazionali come si cambiano i vestiti non è una cosa che avviene facilmente, ma è un'abilità da esercitare in maniera continuativa. E questo è ancor più importante nella sfera sessuale.

La sfera sessuale è il luogo emotivo in cui si ribadiscono i reciproci investimenti di fiducia, affetto, desiderio e amore. È uno dei luoghi in cui la coppia "si ricarica". Ma è anche il luogo in cui spesso convergono e agiscono le tensioni esterne. Tanto da diventare, spesso, la misura di come quella data coppia sta affrontando una data situazione.

Un ultimo discorso da affrontare è la ricaduta sui figli e sulla genitorialità. Anche quando questi ultimi non sono coinvolti direttamente negli affari della coppia, ricevono indirettamente gli effetti di tensioni e trasformazioni. Il rischio è quello di parlare continuamente di lavoro che diventa, per i figli, una sorta di *leitmotiv,* una musica costante, del condividere gli ambienti domestici.

Secondo la mia personale esperienza posso asserire che molte delle teorie trattate le ho riscontrate personalmente e le si devono affrontare con tanta intelligenza ed amore, la famiglia dovrebbe rimanere un'entità integra da ogni influsso esterno. Spesso e volentieri, anzi quasi sempre, succede che un episodio lavorativo venga gestito tra le mura domestiche e viceversa. All'interno di ogni famiglia, ogni componete ha una personale peculiarità e dovrebbe lavorare in maniera complementare agli altri membri, per far sì che si possano raggiungere gli obiettivi comuni.

Quasi tutte le aziende a carattere familiare ad un certo punto della loro vita hanno bisogno di una specie di mediatore, che con qualifiche varie a livello professionale, riesce a far comprendere le reali esigenze dell'azienda-famiglia.

Il ruolo della donna nell'azienda-famiglia

Tanti autori affrontano anche il ruolo della donna nelle aziende familiari. Per vita vissuta posso raccontare che nella nostra realtà familiare-aziendale il ruolo rivestito da mia madre in primis è stato importantissimo. Le caratteristiche della donna forte, tenace e grintosa hanno dato una carica in più a mio padre che nei momenti di difficoltà avrebbe potuto lasciare andare la presa.

Così io e mia sorella avendo avuto l'esempio di mia madre, da quando facciamo squadra siamo ancor di più riuscite a mettere insieme le nostre forze per affrontare i cambiamenti aziendali e a mettere in atto, a volte anche con forza, delle misure che hanno portato dei risultati importanti.

Le imprese familiari di Markus Weishaupt

Un approccio diverso e funzionale rispetto alle imprese familiari lo possiamo leggere in vari testi di Markus Weishaupt che con la sua grande esperienza analizza questo argomento creando 15 principi per la gestione delle imprese familiari:

1. aumentare la capacità di sopravvivenza dell'azienda (crescere in modo sano equilibrio tra utili e rischio, non essere mai a corto di liquidità);

2. sviluppare il volume d'affari in modo sano, redditizio con un rischio accettabile nel tempo (scegliere sempre un fatturato di qualità rispetto alla quantità, crescere senza utili è la morte dell'azienda);

3. l'impegno richiesto ai propri collaboratori deve essere sensato (l'obiettivo e la mission devono essere chiare a tutti);

4. in un'azienda sana tutti hanno il diritto e il dovere di esprimersi (circondarsi di collaboratori originali attivi e no brontoloni);

5. uso sostenibile delle risorse (gestire le risorse in maniera efficiente e sostenibile);

6. le strategie portano a vantaggi competitivi nel futuro rispetto ai concorrenti (conquistare nel mercato la posizione da esperti, e stabilire degli standard d'eccellenza);

7. essere diversi e migliori dei competitors (le imprese di successo risolvono prima e meglio degli altri i problemi, adattarsi facilmente ai cambiamenti);

8. fare una cosa e bene (l'azienda deve avere 5 qualità semplicità, tenacia, utilità, concentrazione, coerenza il cui acronimo STUCC);

9. i clienti non s'identificano nel marchio, ma con i valori che esso rappresenta (il marchio consente di distinguersi dalla concorrenza ed espone la filosofia aziendale. Posizionare il marchio vuol dire scegliere i propri clienti);

10. lo scopo dell'impresa è avere clienti soddisfatti (creare un prodotto utile e soddisfacente, il cliente non paga il prodotto ma i benefici che esso gli porta);

11. il cliente paga l'utilità del prodotto o prestazione (impostare l'attività sul vantaggio di utilità totale VUT cioè sui benefici del cliente e dell'impresa);

12. costruire rapporti positivi e duraturi nel tempo (un buon dirigente/imprenditore deve essere autorevole e non autoritario in questo modo le persone lo seguiranno spontaneamente, per saper dirigere gli altri bisogna saper dirigere se stessi);

13. per avere successo aiutare gli altri a creare il loro (in un'azienda non ci sono vincitori e vinti ma solo vincitori, adottare la filosofia del *win to win*);

14. dirigere significa far crescere anche gli altri (l'obiettivo del leader è sostenere e ispirare gli altri);

15. per trovare collaboratori bravi e legarli a sé, l'azienda deve essere motivante (i soldi non sono il fattore motivante ma la qualità di vita offerta).

Tutti questi principi applicati nella gestione aziendale danno un risultato eccezionale per rafforzare l'impresa e renderla forte. Altrettanto importante è che nell'impresa familiare, la famiglia deve essere gestita in modo altrettanto professionale quanto l'impresa stessa.

RIEPILOGO DEL CAPITOLO 2:

- SEGRETO n. 1: l'aspetto psico-relazionale è importante nelle famiglia-azienda così come il ruolo della madre e del padre. Il capitale fraterno è come il capitale sociale, importante da preservare e da alimentare giorno dopo giorno. Anche il rapporto tra *sibiling* è importante.

- SEGRETO n. 2: le relazioni nelle famiglia-azienda sono legate al ciclo via familiare ideato da Carter-Mc Goldric in cui ci sono 6 fasi.

- SEGRETO n. 3: nelle famiglie-azienda i ruoli si sovrappongono, spesso si affrontano questioni famigliari in azienda e questioni lavorative in casa. La famiglia è famiglia deve essere protetta a qualsiasi costo. Il ruolo che riveste la donna è importantissimo nelle famiglie quanto nelle aziende.

- SEGRETO n. 4: come il denaro è importante delle dinamiche famigliari, le aspettative *top-down* da parte dei genitori vs i figli e *bottom-up* da parte dei figli vs i genitori.

- SEGRETO n. 5: principi gestionali concreti di Weishaupt legati alla gestione azienda-famiglia.

Capitolo 3:
Come organizzare la propria azienda al meglio

Nel capitolo precedente abbiamo analizzato l'azienda-famiglia secondo due aspetti diversi: l'aspetto psico-relazionale suggerito da psicologi esperti e l'aspetto funzionale analizzato da Markus Weishaupt consulente attivo da oltre 25 anni nella gestione delle imprese familiari.

In questa parte del libro vorrei evidenziare le fasi salienti legate alla gestione e al miglioramento di un'impresa familiare. Oltre a dare importanza al lato relazionale-emozionale, è doveroso analizzare l'azienda dalla struttura all'aspetto produttivo. Spesso, colui che avvia l'attività parte da un piccolo laboratorio (ufficio) per poi crescere gradualmente.

Infatti come vi ho raccontato precedentemente, noi siamo partiti da una stanza nella nostra casa adibita a laboratorio, abbiamo eseguito due traslochi prima di arrivare nel 2010 ad una struttura consona al volume d'affari e la nostra produzione.

I passi da fare per raggiungere questo primo risultato devono dare attenzione agli spazi di cui si ha bisogno, alla salubrità dei luoghi e alle esigenze delle persone che vi lavorano. Si devono stabilire delle regole per la buona convivenza reciproca (ricordiamo che le ore di lavoro in una giornata superano di gran lunga le ore che si trascorrono in casa) per cui l'obiettivo principale, anche se può sembrare ovvio, è rendere confortevole il luogo di lavoro.

Qualche volta disagi ce ne sono, soprattutto quando c'è confidenza tra i pochi attori che compongono la piccola compagine artigianale, ricordiamo che la convivenza è sempre basata sul rispetto reciproco. In secondo luogo, è molto importante seguire la produzione in maniera certosina.

Le fasi di lavorazioni, soprattutto in un laboratorio artigianale, devono essere seguite scrupolosamente, i prodotti controllati in ogni fase di produzione. Nella lavorazione dei guanti abbiamo più di 12 fasi e ognuna di essa deve essere seguita senza distrazione. Il nostro miglioramento della qualità c'è stato grazie ad esperienze passate che hanno fatto perdere tempo e denaro all'azienda.

Spesso accadeva, che per essere veloci nelle consegne, affidavamo il controllo a qualche collaboratore poco all'altezza del ruolo e i clienti reclamavano il problema. Da un particolare evento accaduto nel 2011, che stava incrinando rapporti di fiducia di anni instaurati con un cliente, abbiamo deciso che la fase del controllo, gestita in prima persona da mia sorella e mio fratello, deve essere scrupolosa, meticolosa e minuziosa per raggiungere uno standard di qualità che consente di fare la differenza.

Tante volte entrando nei negozi, dai marchi più esclusivi a quelli più commerciali, ci troviamo davanti a guanti che non hanno nulla dell'eccellenza del nostro prodotto Made in Italy. Il cliente che acquista il "Made in Italy" senza pagare il brand spesso si trova davanti a prodotti qualitativamente migliori e ricchi di valore, quel valore dato da chi con passione realizza artigianalmente una "creazione" o spesso una vera e propria "opera d'arte".

Quindi per essere più espliciti, bisogna dire che per fare la differenza rispetto ai nostri concorrenti, dobbiamo mettere massima cura nella realizzazione del prodotto.

Altro argomento molto importante da affrontare è la flessibilità, l'aggiornamento e l'adattamento al cambiamento. Tutte le realtà artigianali, e in particolar modo quelle familiari, sono legate a tradizioni sia nel modo di produrre che nell'approccio ai mercati di sbocco.

Solitamente le due generazioni a confronto si imbattono in questioni legate all'approvvigionamento delle materie prime, al modo di produrre, di fare magazzino fino alla scelta del target di clientela da servire. Queste problematiche possono essere risolte grazie al confronto, basato su *brainstorming* costruttivi tra i soggetti e all'introduzione di regole che mettano i clienti e la vita dell'azienda al primo posto.

Le reali tematiche in discordanza tra le due generazioni a confronto in cui ci si imbatte sono legate a eventi quotidiani, basti pensare solo al modo di effettuare un ordine di materie prime. Il padre o la madre (prima generazione) che metodicamente intendono seguire dei processi, perché legati alle esperienze passate, pensano di sapere cosa sia giusto o sbagliato e i figli (seconda generazione) che, vivendo sulla scia del nuovo sviluppo, pensano che il passato sia solo un ostacolo alla crescita.

La soluzione ideale sarebbe quella di mixare le due culture con intelligenza avendo rispetto dei ruoli e delle competenze. Pertanto il consiglio che mi sento di dare a chi, come me spesso, si è trovato in questa situazione, è quello di non pensare sempre che la propria idea, opinione o modo di pensare sia il migliore. Dal confronto reciproco nascono le migliori innovazioni o anche dei modi innovativi per rimanere legati alle tradizioni.

Per essere al passo con il mercato è fondamentale fare continue ricerche, come tutti gli altri settori anche quello della moda oggi è dominato dai social media e ogni mese cambiano i trend. Importantissimo per accontentare ogni tipo di cliente, un'azienda artigiana come la nostra, deve impegnarsi a portare sul mercato nuovi colori, nuovi modelli.

Tutti negozi di guanti di Venezia, Parigi, Bruxelles, Firenze, Roma hanno la peculiarità di avere un vasto assortimento di modelli e colori. Il guanto per tradizione è sempre stato un accessorio nero, marrone, o al massimo blue. Negli anni '80 mio padre è stato il primo ad osare e a inserire nella produzione di guanti tutti i colori, circa 40, e da allora i guanti Italiani, oltre a fare la differenza per la qualità, sono diventati sinonimo di estro, classe e soprattutto di creatività.

Un giorno avendo a disposizione qualche pelle colorata, per un suo istinto particolare, nella seconda metà degli anni '80 osò fare una piccola produzione di guanti colorati che subito vendette e da allora questa tipologia di prodotto è diventata il modello *basic* da donna per tutte le aziende del settore.

Proprio partendo da quell'accaduto possiamo affermare che abbiamo creato per i clienti qualcosa che non c'era, questo dimostra ancora una volta che, anche in una piccola nicchia di mercato come la nostra, dobbiamo sempre creare un bisogno ai clienti, un'alternativa, una possibilità di scelta. Dare queste opportunità alla propria clientela è un privilegio.

Per un'azienda artigiana a conduzione familiare, avere un magazzino di pelli assortito di tutti i colori è una quantità di capitale molto elevata e non tutte possono permetterselo. Non solo le aziende artigiane, ma in generale per tutte le tipologie di aziende, avere un magazzino di materie prime che consente di accontentare tutta la clientela è un vantaggio che costa tanto.

Posso affermare con orgoglio negli anni con grande impegno e perseveranza abbiamo conquistato questo privilegio. È stato un obiettivo da raggiungere, quando per molti anni nella nostra condizione di disagio finanziario, facevamo fatica a stare dietro a tutti i colori. I fornitori centellinavano le consegne e noi ritardavamo le produzioni.

È molto importante creare una riserva di denaro che consenta di poter creare un magazzino idoneo alla propria produzione.
Ci sono delle divergenze anche rispetto a questo argomento in tutti i settori artigianali tra i veterani e i giovani. Nella nostra famiglia-azienda uno scontro che si presentava spesso era quello relativo proprio al magazzino, anziani e giovani con due visioni completamente opposte.

Mio padre avendo esperienza ormai di 60 anni nel settore, sempre sosteneva che nei periodi di campagna vendite con cali di produzione era importante creare un magazzino di prodotti basici finiti, che consentivano di poter affrontare la richiesta nei periodi di forte produzione.

D'altro canto, noi giovani al contrario pensando al ciclo finanziario con le esperienze della gestione pregressa, non abbiamo supportato completamente questa visione, che in parte è anche giusta, ma i costi di produzione e del pellame nei momenti "morti" incidono troppo sui costi aziendali sottraendo all'azienda liquidità che serve nei momenti di forte produzione.

Dobbiamo pensare che non sempre i prodotti di magazzino sono quelli di cui hanno bisogno i clienti, quindi per avere poi le disponibilità di cassa per cominciare un nuovo ciclo produttivo bisognerà vendere il prodotto addirittura sottocosto. Questo problema è molto presente e condiziona molto tutti i settori, in quanto tante piccole aziende che producono senza ordini sono al collasso e tendono a svendere di continuo il prodotto.

Nonostante il *turn over* del ciclo produttivo sia breve o molto lungo, le aziende non avendo altra possibilità, si affidano alle banche, al mercato del prestito alternativo o svendono i prodotti. Per superare questo ostacolo è vitale per le piccole realtà capire i costi aziendali, fare un budget a inizio stagione e un bilancio almeno ogni trimestre, per verificare se si sta prendendo la giusta direzione. Insomma bisogna avere i costi sempre sotto stretto controllo. Di vitale importanza in tutte le tipologie di aziende piccole, grandi, familiari e non, tenere separati i costi personali da quelli aziendali e mai unire le cose. Quando parliamo di realtà piccole e medie spesso è inconcepibile per l'imprenditore svolgere questo lavoro periodicamente, ma è assolutamente necessario creare una routine per la supervisione della situazione economico-finanziaria per non rischiare di trovarsi in difficoltà. Fondamentale per riuscire ad avere un'azienda sana è avere sotto controllo la gestione degli acquisti e dei costi oltre che dei margini di guadagno delle vendite.

Proposte di intervento a favore delle imprese familiari

Dall'analisi finora svolta, possiamo trarre delle indicazioni circa le misure e gli interventi di politica aziendale ed economica per consolidare il sistema produttivo dei guanti e più in generale il sistema produttivo delle aziende familiari attraverso il rafforzamento dei "punti forza" e la riduzione dei "punti di debolezza".

Un qualsiasi intervento di politica aziendale ed economica deve:
- riscoprire e rivalutare la produzione di prodotti di qualsiasi settore;
- favorire un maggiore dialogo e rapporto con le istituzioni quali Stato o banche;
- favorire sempre la formazione professionale con scuole adeguate ai tempi moderni;
- superare le rigidità presenti sui mercati di approvvigionamento di materie prime e del credito.

Per poter raggiungere questi obiettivi si devono proporre degli interventi e delle misure di politica aziendale ed economica che tengano conto delle reali esigenze delle imprese. Inoltre, questi interventi devono essere differenziati data la molteplicità degli "attori". Si potrebbero costituire delle reti amiche, infatti l'agilità di tale strumento permetterebbe alle imprese di acquisire una maggiore forza contrattuale e quindi di superare le rigidità presenti sul mercato.

Vision e mission dell'azienda

Ma prima di tutto questo e oltre a quello che abbiamo evidenziato nel capitolo precedente, una forte attenzione dobbiamo porla sulla *vision* e sulla *mission* dell'azienda piccola media o grande che sia, a conduzione familiare o meno.

Vi sono dei fondamenti che non bisogna trascurare da parte dell'azienda ossia la *vision,* che le consenta di indicare la direzione verso la quale sviluppare l'impresa e dare a tutti gli attori una prospettiva reale fondata sulle azioni da svolgere. In sintesi, la *vision* rappresenta l'immagine chiara dell'azienda nel futuro, le cui linee guida dovranno essere gli obiettivi prefissati nel breve, medio e lungo termine.

La *mission* invece può essere definita come la ragione di vita dell'impresa e può essere formulata attraverso delle domande in particolare:

- Perché esistiamo?
- Quale è il nostro mercato?
- Quali sono i nostri principali clienti?
- Quali sono i nostri prodotti?

- Quali sono i nostri valori?

La *mission* che è la descrizione del nostro business, deve essere chiara, deve avere delle regole fondamentali, deve essere rispettata da tutti e il suo obiettivo principale è a soddisfazione di tutti i soggetti coinvolti del proprio sistema *(stakeholders)*. La *mission* ha un valore se proattiva e se pone degli obiettivi verificabili sulla base del tempo prefissato.

Tipologie di imprese

I risultati di uno studio storico, di un'indagine effettuata su un campione di piccole e medie imprese produttrici e dell'esperienza acquisita sul campo, mi hanno consentito di essere a contatto costante con operai ed altre aziende per creare una classificazione per le diverse tipologie di imprese artigiane: Impresa X, Impresa Y, Impresa Z, Impresa J.

"Impresa X"

Le imprese, definite di tipo X, hanno un numero di addetti che oscilla da 18 a 5 collaboratori/dipendenti. Per quanto concerne la struttura, l'impresa "X" si trova al limite tra l'artigianato e l'industria. Hanno un proprio marchio, ma spesso lavorano "conto terzi" ossia mettendo all'interno della produzione altri marchi (ad es. Salvatore Ferragamo, Gucci, o marchi esteri).

Per quanto riguarda la gestione delle imprese di tipo "X", l'imprenditore si avvale dell'aiuto della famiglia, con una suddivisione più netta dei ruoli. In questo caso le strategie di mercato cercano di diversificare il prodotto per distinguerlo da quello della concorrenza.

"L'impresa Y"
Le imprese di tipo "Y" producono sia in conto proprio che conto terzi. Esse operano nella misura del 50% a nero. In questo tipo di impresa, il titolare utilizza al massimo la flessibilità del fattore lavoro (comprendendo ovviamente, la propria prestazione e quella dei familiari).

I titolari dell'impresa "Y" dispongono essenzialmente di conoscenze di carattere empirico-manuale, i locali attrezzati per la produzione sono piccolissimi. Generalmente per avviare un ciclo produttivo sono sufficienti un paio di stanze, come è successo a noi all'inizio. L'impresa "Y" ha come mercato di sbocco quello nazionale, e in misura, minore anche quello europeo. Esse optano per un canale distributivo breve in quanto contattano direttamente i clienti che in questo caso specifico sono concentrati soprattutto nelle città turistiche dove è molto apprezzato il Made in Italy: Firenze, Roma, Bologna, Venezia.

"L'impresa Z"

Questa tipologia di imprese lavora c/ terzi per l'alta moda. Infatti, sono le case grandi case di moda a commissionare all'impresa "Z" i prodotti che si vendono nei lussuosi negozi di Via Condotti, a Roma e Via Montenapoleone a Milano o nella quinta Strada di New York.

Le griffe d'alta moda inviano a queste imprese i modelli e le pelli, così i "maestri artigiani" con la loro abilità ed esperienza tagliano e confezionano prodotti che sono delle vere e proprie opere di artigianato e pertanto di difficile imitazione.

Queste piccole imprese non hanno sbocchi sul mercato del consumo, in quanto lavorano esclusivamente su commessa, e però pur avendo come principale committente una griffe di alta moda sono integrate nel sistema locale, poiché, intessono rapporti di scambio con tutti gli attori del sistema locale, comprese le Imprese di tipo "X". Queste ultime, nei periodi di lavoro intenso decentrano alcune fasi (come per esempio il ricamo o la cucitura) alle imprese "Z".

"L'impresa J"

Le imprese di tipo "J" sono quelle imprese che compaiono soprattutto nei periodi di espansione del mercato. Esse lavorano in c/proprio, sono totalmente sommerse, e costituite, solitamente, da operai che lavorano o hanno lavorato per qualche impresa e che "di tanto in tanto" si improvvisano "imprenditore".

Questi soggetti rovinano il mercato acquistando il pellame a bassissimo costo in maniera alternativa e, alla fine del ciclo produttivo, offrono il prodotto ad un prezzo bassissimo rispetto alle altre tipologie di aziende. Esse non hanno sostenuto spese e costi di gestione. Le imprese "J" sono definite dalle altre tipologie di imprese del settore "improvvisate", ma analizzando le caratteristiche si nota che esse nascono tutt'altro che dall'improvvisazione.

A volte i laboratori vengono organizzati in garage o nei sottoscala dove si riuniscono gruppi di operai che svolgono tutte le fasi del processo. Queste imprese operando totalmente a nero hanno un vantaggio competitivo legato alla loro invisibilità, infatti questo loro mimetizzarsi sul territorio li rende invisibili allo Stato.

Le altre imprese come già accennato risentono molto la concorrenza di queste ultime, che riescono a essere più competitive in termini di prezzi. Esse sono considerate un elemento destabilizzante per tutte le nicchie artigiane e soprattutto per il settore dei guanti. La cosa importante da dire è che mercati di sbocco di queste imprese sono molto limitati, perché non possono dare referenze.

Rapporti di collaborazione e di fornitura tra l'impresa "X" e quella "Y".
I rapporti di cooperazione e fiducia tra i diversi attori del sistema e in particolare tra l'impresa "X" e quella "Y", hanno favorito la nascita di rapporti intrecciati di decentramento di fase e di

fornitura di materia prima secondo modalità simile "al credito di fornitura".

Con il decentramento di alcune fasi della produzione, l'impresa "X" aumenta la capacità produttiva nei periodi di punta senza assumere altri lavoratori. Sono stati rilevati sia rapporti di sub-fornitura di "specificità" e di "capacità", infatti alcune fasi, come la spaccatura e il ricamo, sono svolte solo all'esterno (fornitura di specificità), mentre la cucitura è svolta sia all'interno che all'esterno (fornitura di capacità).

Ciclo produttivo del prodotto

Quando si sente parlare di un prodotto Made in Italy che sia una borsa, un giubbino o un guanto non si riesce mai ad immaginare il suo ciclo produttivo. Questo, ormai nei tempi moderni, accade un po' per tutto, anche con i prodotti che troviamo sulle nostre tavole. Conoscere le fasi di lavorazioni delle filiere produttive che ci danno l'opportunità di avere dei prodotti pronti e curati è quasi un'utopia.

Sarebbe bello fare un giro in tutti i laboratori napoletani per ammirare come si produce e dovrebbero essere un vanto per il nostro paese.

L'unica cosa che posso fare oggi è farti fare un tour immaginario che ci porta dalla scelta del pellame al prodotto finito. Sei pronto? Un mastro guantaio che riceve un ordine di guanti, la prima cosa che fa è andare alla ricerca del pellame rispondente al prodotto che deve ottenere, per questo si reca dal suo fornitore di fiducia dal quale trova ampia scelta.

Un'azienda di pelli è caratterizzata dalla grande quantità di pelli grezze che ha in magazzino provenienti da vari paesi, se essa possiede anche una conceria possiamo ammirare le varie fasi di lavorazione che consentono di ottenere una pelle tinta pronta per la produzione di guanti. La fase dell'acquisto delle pelli da parte dell'imprenditore–guantaio è un momento di particolare importanza, poiché "acquistare bene" le pelli è considerato uno dei fattori critici di successo.

È emerso che i guantai preferiscono acquistare le pelli grezze in quanto "una buona concia" è una condizione essenziale per un efficiente rendimento e un buon livello qualitativo del processo produttivo.

Le pelli hanno una diversa provenienza, poiché la produzione nazionale di pelli non riesce a fornire tutta la materia prima necessaria per la produzione dei settori della pelletteria italiana, (le regioni italiane che hanno un'elevata produzione sono la Sardegna e la Sicilia) abbiamo anche pelli importate dall'estero Grecia, Turchia, Etiopia, Yemen. La concia per la guanteria richiede un trattamento particolare, tale da consentire al fiore (parte lucida) di restare naturale.

Prima di ottenere un guanto finito dobbiamo attendere tante fasi di lavorazione e tutte le fasi sono realizzate lavorando il guanto individualmente ad uno ad uno:

1. *taglio delle pelli* con forbici a mano;
2. *smasso del guanto,* fase che consente di ottenere la forma del guanto mettendolo su un cartamodello;
3. *spacco* ossia il trancio della forma del guanto;
4. fare la fantasia cioè il *modello;*
5. assemblare il guanto con le *folchette* (parte laterale delle dita)

dello stesso colore;

6. *cucire* il guanto;

7. fase di *controllo* delle cuciture;

8. *foderare* (inserire la fodera di seta, cachemire o lapin);

9. *ribattere* (cucire l'orlo del guanto che chiude la fodera);

10. *apparecchiare* ossia stirare;

11. *controllo finale;*

12. *confezionamento;*

13. *spedizione.*

Appena entriamo nel nostro piccolo laboratorio possiamo sentire l'odore della pelle che si espande, e i rumori delle forbici che tagliano sui banconi. Posso assicurarvi che è uno spettacolo molto caratteristico e ricco di tradizione.

Strategie distributive

L'attuale rete distributiva degli accessori ed in particolare dei guanti napoletani sembra "insoddisfacente", infatti, i produttori di guanti stanno cercando di rendere più capillare la distribuzione del prodotto collocando i loro modelli o meglio le loro collezioni, non solo nelle boutiques d'accessori, ma nelle realtà che operano nel *total look*. In genere i contatti con i Paesi importatori avvengono durante le fiere o tramite *buyers* presenti in Italia.

Il canale distributivo (vedi figura 1) varia a seconda del tipo di impresa, infatti, mentre le imprese di tipo "X" preferiscono il canale lungo (produttore – rappresentante – grossista – dettagliante) invece, le imprese di tipo "Y" preferiscono il canale diretto (produttore- dettagliante).

La commercializzazione dei prodotti delle imprese "X" e "Y"

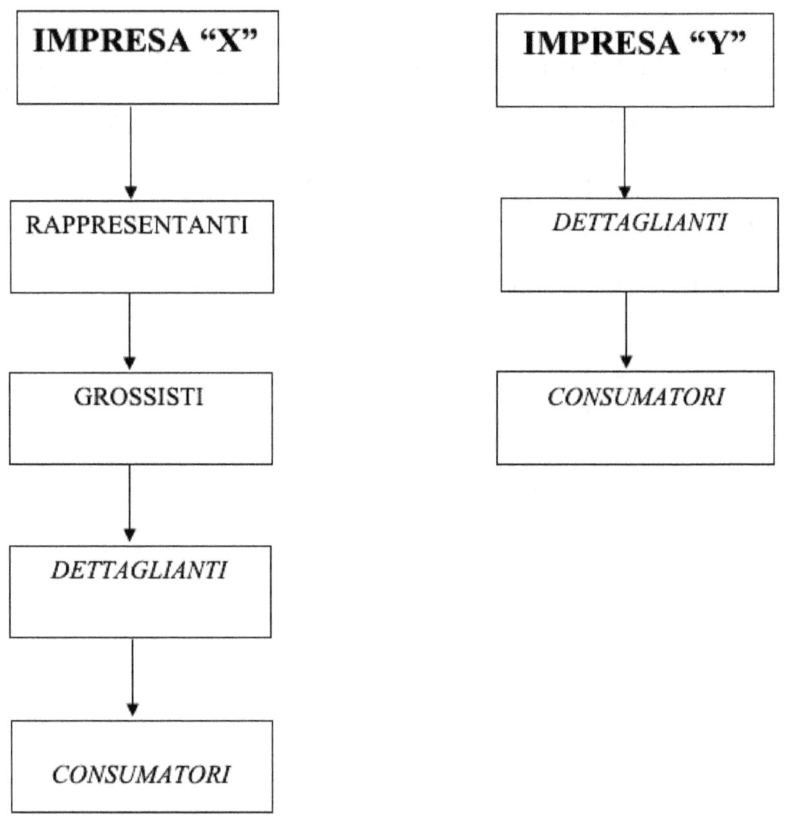

Fonte: elaborazione di dati raccolti nel corso di un'indagine in aziende del settore.

Calendario di produzione

La presentazione dei campionari per la collezione autunno/inverno avviene da gennaio ad aprile, mentre la collezione primavera/estate viene presentata a settembre/ottobre. Si produce in "programmato" e "su commessa", infatti, i campionari vengono inviati ai clienti con cui si sono avuti contatti durante le fiere. Di solito gli ordini riguardano i modelli dei campionari, ma non è raro il caso in cui i clienti commissionano modelli particolari o che chiedano un determinato tipo di pelle.

Mercati di sbocco e la loro diversificazione nel tempo

Esaminando i mercati di sbocco delle piccole imprese, si può notare che vi è una distinzione tra le imprese del tipo "X", "Y", "Z" e "J". Per il primo tipo di impresa, infatti, il principale mercato di sbocco è quello estero, mentre per il secondo tipo di impresa il mercato di sbocco dei prodotti è sia quello nazionale che estero. Per il quarto tipo d'impresa il mercato di sbocco è solo quello nazionale, infine, l'ultimo tipo di impresa non ha alcun sbocco sul mercato dei prodotti di consumo finale poiché produce solo per il c/terzi.

All'estero sono molto apprezzati i nostri ombrelli, foulard, scarpe, borse, guanti, e cravatte. In effetti, per l'operatore straniero la qualità delle materie prime utilizzate e la cura del particolare sono garantiti dal marchio "Made in Italy".

La quantità esportata da ciascuna impresa del tipo "X" si aggira intorno al 90% della loro produzione, e i principali Paesi importatori sono: Stati Uniti, Francia, Gran Bretagna, Germania, Belgio, Giappone e da qualche anno Cina.

Il mercato nipponico

In Giappone il prodotto tipico del "Made in Italy", esercita una forte attrattiva su una fascia sempre più ampia di consumatori finali, in quanto costituisce garanzia di qualità. Il maggiore canale utilizzato per il contatto con il Giappone è quello fieristico, le fiere organizzate riguardano tutti gli accessori dell'abbigliamento per dare all'acquirente giapponese la possibilità di apprezzare tutti i prodotti del "Made in Italy".

Il mercato francese

La conquista del mercato francese merita un discorso a parte, in quanto la Francia, fino a venti anni fa', era leader mondiale nella produzione dei guanti di "lusso" rivolti a soddisfare una clientela classica e fedele ad un guanto di altissima qualità. Pur essendo un prodotto di lusso, il suo consumo è stato condizionato dalle varie crisi che hanno colpito il settore a partire dagli anni'70.

Da allora, secondo uno studio di *"Le monde"* le consumatrici francesi hanno limitato i loro acquisti, da 6 a 3 paia l'anno. I produttori francesi hanno cercato di reagire alla crisi diversificando il loro prodotto con lo scopo di soddisfare anche gli altri segmenti di mercato rappresentati da giovani e da una fascia qualità/prezzo che soddisfi una domanda medio bassa.

Purtroppo, le imprese francesi non sono riuscite ad adeguarsi ad un mercato che si stava estendendo e a modificare le loro tecniche produttive. Questo ha permesso l'invasione del mercato da parte dei produttori asiatici e italiani. Solo questi ultimi hanno la possibilità di coprire il mercato francese soddisfacendo una clientela che cerca a prezzi "abbordabili" un prodotto di qualità e alla moda.

Mercato cinese

Il rafforzamento della cooperazione economica e commerciale bilaterale ha costituito un componente assai importante nei rapporti tra Cina e Italia soprattutto negli ultimi 10 anni. Anche per i cinesi quindi ha assunto particolare rilevanza e status possedere un oggetto *cult* del Made in Italy. Il turismo cinese oggi è fondamentale per il settore nel nostro Paese e per questo ovviamente anche per i prodotti italiani destinati ai cultori del Made in Italy.

Mercati di sbocco nazionali e locali

A livello nazionale i principali mercati di sbocco sono: Milano, Roma, Venezia e Firenze, forse non tutti sanno che i guanti e gli accessori esposti nei lussuosi negozi delle principali città turistiche italiane sono prodotti a Napoli.

Fig. 4.3 Canali di sbocco delle imprese "X" ed "Y" per la produzione c/proprio e per il c/terzi.

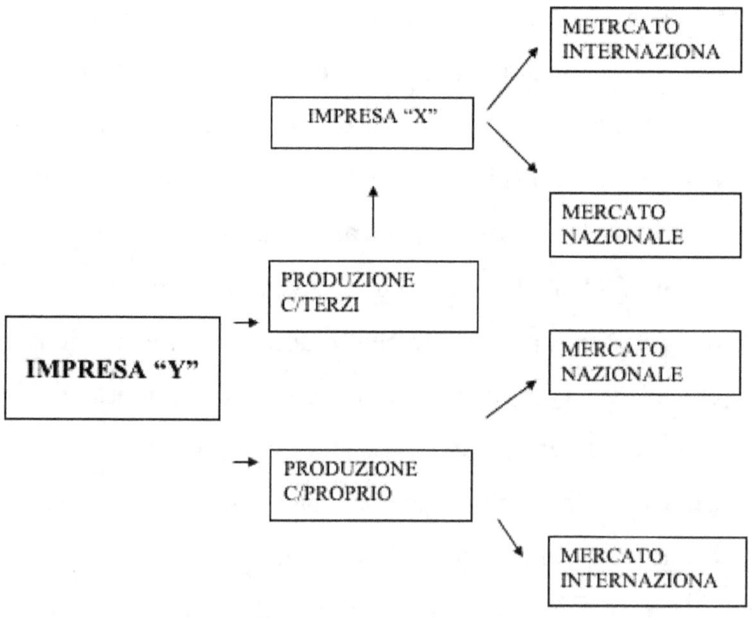

Fonte: elaborazione di dati raccolti nel corso di un'indagine in aziende del settore.

RIEPILOGO DEL CAPITOLO 3:

- SEGRETO n. 1: organizzare l'impresa familiare in ambienti salubri e accoglienti, gestire la produzione accuratamente per poter godere della massima fiducia dei clienti e avere i prodotti qualitativamente eccezionali. Importante è comprendere di voler fare la differenza rispetto alla concorrenza, esprimere sempre i propri punti di vista attraverso *brainstorming* che arricchiscono le aziende di idee.

- SEGRETO n. 2: creare un magazzino di materie prime che consenta, in qualsiasi momento, di poter soddisfare le richieste dei clienti. Questo è un vantaggio molto importante rispetto alla concorrenza. Indispensabile redigere *budget* e bilanci trimestrali per conoscere in ogni momento la situazione economico-finanziaria dell'azienda.

- SEGRETO n. 3: avere un'idea della *vision* e della *mission* dell'azienda è fondamentale per il futuro.

- SEGRETO n. 4: cercare di essere slegati da prestiti troppo onerosi che nei momenti difficili dell'azienda coprono i guadagni e l'azienda è costretta a vivere con un indebitamento perenne.

- SEGRETO n. 5: differenziare varie tipologie d'imprese

consente di comprendere il tessuto delle piccole imprese artigianali, e dei vari settori manifatturieri del Made in Italy.

Capitolo 4:
Le aziende famiglia e il futuro del Made in Italy

Anche se può sembrare fuori tempo, come già evidenziato il tessuto manifatturiero italiano è ricco di realtà a conduzione familiare che da secoli è insediato nel nostro territorio. Avere un posizionamento di nicchia, un forte orientamento al prodotto ed essere una realtà a conduzione familiare, sono tratti comuni delle imprese Made in Italy.

L'Italia è tra i Paesi europei con il più alto numero di imprese familiari. Solo il 57,5% delle aziende incluse nel rapporto di 10 anni fa è ancora presente, ma altre ne sono entrate. Le aziende nascono e muoiono continuamente, alimentando quel processo di "distruzione creativa" che secondo l'economista Joseph Schumpeter caratterizza il ciclo economico, ma quelle familiari in Italia conservano un posto speciale.

Le imprese familiari nascono per due motivi: uno, per il forte legame che hanno con il prodotto, in quanto il capofamiglia è padrone della maestria nella lavorazione, e due per ragioni di ordine economico in quanto all'inizio, in qualsiasi *start up* anche familiare c'è mancanza di capitali. Inoltre il ruolo familiare spesso viene mitizzato se osserviamo molti nomi di famiglie di imprenditori importanti quali Benetton, Versace, Ferragamo, Fendi.

In realtà potremmo sintetizzare alcuni punti forza e di debolezza delle imprese famiglia italiane.

Punti di forza:

- forte legame tra proprietà e dipendenti che spesso portano a instaurare grande fiducia tra i soggetti interessati;
- la visione lungimirante della vita dell'azienda per assicurare alle generazioni future la sussistenza, cosa che non accade nelle imprese non familiari.

Punti di debolezza:

- grande confusione tra patrimonio familiare e aziendale, spesso non c'è più il limite tra la proprietà familiare e aziendale;

- spesso le aziende iniziano a diversificare perché il capo-famiglia non vuole delegare ai diretti successori e quindi inizia a creare business per trovare loro un impiego. Questo porta a una distrazione di capitale aziendale che producono sofferenza economica.

La successione e l'evoluzione delle imprese familiari

La successione nei vari settori delle imprese-famiglia è sempre un discorso delicato in quanto, se analizziamo il settore moda, vediamo che i figli sono innamorati dell'azienda e del prodotto, ma quasi mai hanno le stesse competenze e maestranze del predecessore, per portare avanti l'identità dell'azienda.

Di seguito abbiamo alcuni esempi di aziende arrivate alla seconda generazione: Max Mara, la famiglia Maramotti conserva i tratti della prima generazione, i successori nell'innovazione hanno saputo dare seguito all'identità aziendale continuando sulla strada del successo. La famiglia Zegna, nel controllo della filiera dai tessuti ai capo spalla ha saputo mantenere l'integrità e il successo dei predecessori.

Potremmo parlare di altri nomi illustri o meno legati alla storia manifatturiera italiana, ma negli ultimi anni un fenomeno comune è stato quello di cedere a gruppi multibusiness e multimarca i marchi delle aziende familiari. Da questo si evince che quasi nessuno nella seconda o terza generazione ha saputo mantenere un business sano e redditizio per poter continuare la tradizione.

Ha aperto le danze in Francia il gruppo di Bernard Arnauld con la costruzione in un solo ventennio del Gruppo LVMH, in Italia il gruppo IT Holding, Gucci, Mariella Burani, Prada. Queste ultime con l'acquisizione di altri marchi sono andate in crisi, in quanto le strutture sono cresciute talmente tanto da occupare tutta la filiera e quindi si sono appesantite e non sono riuscite a tenere sotto controllo tutto. Ciò ha portato in tanti casi alla rivendita dei marchi acquisiti.

I cambiamenti societari, ovviamente, sono il risultato di un'enorme crisi economica che si è protratta per anni, e questo ha portato effetti ancora più disastrosi nella delocalizzazione delle produzioni fuori dall'Italia. Per primi i grandi marchi hanno scelto questa politica aziendale per competere con colossi come Zara,

H&M dando al consumatore finale un prodotto di scarsa qualità firmato. Gli effetti economici non hanno portato benefici agli utenti finali, in quanto il costo è rimasto più o meno simile. Questo ragionamento ha deturpato solo l'identità del Made in Italy che ancora oggi è mantenuto dalle piccole realtà di produzioni artigianali fatte interamente in Italia.

Futuro del Made in Italy: come le PMI italiane affronteranno il futuro

Verrebbe da chiedersi se c'è un futuro ancora per l'eccellenza del Made in Italy. Quel Made in Italy che ha impiegato secoli per affrancarsi e per avere una identità nel mondo oggi può essere ancora salvato?

Ci saranno ragazzi e ragazze pronti ad imparare quei mestieri che ci hanno portato a essere riconosciuti in tutto il mondo, per il modo di proporci, per il modo in cui le culture centenarie che hanno dominato il nostro paese, sono state capaci di influenzarci negli usi e costumi?

La perdita delle maestranze è un problema veramente grave, in quanto con l'avvento della globalizzazione si è persa l'ambizione alla creazione manuale. Oggi possiamo essere tutti *cyber* imprenditori, che non saprebbero neanche da dove partire se volessero iniziare un'attività produttiva, troviamo cervelli ovunque, ma l'unico motore di produzione è la Cina. Siamo veramente sicuri di voler lasciare questo potere solo nelle loro mani? Potremmo secondo voi trovare una soluzione per far ritornare in auge le nostre tradizioni?

Potrei sembrare una romantica, e forse un po' lo sono, ma ultimamente ascoltando *podcast* ed interviste a personaggi importanti del settore manifatturiero italiano sono giunta ad una conclusione. Come per ogni ciclo vitale dei prodotti, gli eventi storici lo dimostrano, oggi abbiamo abbondanza di tutto quello che è di serie, che è per tutti, al contrario il Made in Italy è sempre stato esclusivo, per pochi.

Oggi possiamo trovare tutto su internet, e secondo te si potrebbe ritornare ad un uso esclusivo delle cose? Alcuni pensano che gli imprenditori delle PMI italiane siano in via d'estinzione a causa di questi processi di delocalizzazione e per la presenza delle multinazionali. Per questo motivo, ci poniamo diverse domande:

1. Il piccolo imprenditore sopravviverà in un mercato in continuo mutamento?
2. Può sopravvivere a quei dirigenti che sanno tutto di tutto, ma che quando gli chiedi di rischiare un pochino fuggono a gambe levate?
3. Può sopravvivere alle risorse umane che difficilmente comprendono l'imprenditoria e la storia dell'azienda?
4. Può sopravvivere l'imprenditore, ma è proprio necessario che continui ad esistere? Sì.

L'imprenditore di una piccola o grande impresa, per sopravvivere, deve trovare il giusto equilibrio tra il cuore e la ragione. Egli deve riuscire a guardare la realtà nel suo insieme e abbandonare la visione frammentaria e riduttiva.

L'imprenditore deve saper utilizzare bene cuore e passione, ragione e intuito, deve mediare le emozioni rivolte al bene comune con quelle personali o ancora la ragione deve bilanciare la fattibilità delle sue idee con l'intuito.

Insomma, bisogna fare un lavoro anche e prima di tutto su se stessi, riportando quello che dice Maxwell per i suoi pazienti: indipendentemente da ciò che è stato fatto o meno in passato, un individuo, in questo caso l'imprenditore, deve raggiungere una certa maturità, in modo che il futuro sia sempre migliore del presente.

Presente e futuro dipendono dalle nuove abitudini e da un nuovo modo di considerare i problemi. Non esiste alcun futuro se si continua a scavare nel passato. Importante è imparare a controllare il pensiero presente per ricavarne gioia e profitto.

Gli errori che commette un imprenditore sono dei passi necessari nel processo di apprendimento e miglioramento della sua attività, tuttavia devono essere un mezzo per un fine e una volta serviti allo scopo devono essere dimenticati. Non bisogna rimuginare sempre sugli stessi errori o fallimenti passati altrimenti non si andrà mai avanti.

Concludendo posso affermare che il Made in Italy può essere salvato grazie al cambiamento del pensiero e delle consuetudini dell'imprenditore, adattarsi al cambiamento e fare suo il concetto che "ogni individuo è, e raggiunge, sempre ciò che pensa nel suo intimo".

Per i settori manifatturieri anche le scuole di formazione sarebbero molto importanti soprattutto oggi, perché assicurerebbero un processo di formazione professionale in grado di formare un nuovo vivaio di maestranze specializzate necessarie per la produzione di un prodotto di alta qualità. Questo processo è importante da mettere in atto come hanno fatto in passato altri governi, perché oggi già molte realtà hanno delocalizzato in Cina, Romania, India.

Parlando di futuro per le imprese-famiglia italiane e rileggendo un articolo ormai datato dell'Harvard Business Review dove si affronta la crescita delle imprese in relazione alla crescita dei mercati, possiamo notare quanto sia attuale per le tematiche affrontate.

Secondo gli autori Abravanel e Gutgeld la crescita dimensionale e le dimensioni assolute sono sempre più fattori critici per il successo delle aziende familiari che operano nei mercati globali. Le imprese familiari italiane possono diventare grandi e competitive se affrontano l'evoluzione del passaggio dall'idea imprenditoriale ad impresa e da impresa a *leader* globale.

Per lanciare l'azienda familiare italiana a livello globale serve una nuova cultura della crescita, fondata su imprenditori al servizio delle aziende, su un salto nelle aspirazioni di crescita (compito delle nuove generazioni) e su un altrettanto importante salto di qualità nelle leve di supporto all'imprenditore: *private equity* e *corporate governance*.

Quello che limita il sistema italiano sono la burocrazia e la rigidità degli adempimenti che rendono la vita dell'impresa abbastanza difficile. Alla radice però, c'è anche la cultura imprenditoriale italiana che considera l'azienda uno strumento dell'imprenditore e non un soggetto indipendente, caratterizzato da strutture e processi al quale traferire i sistemi deli valori dell'impresa familiare (visione a lungo termine).

C'è la necessità di costruire un team dinamico e forte che richiede all'imprenditore di uscire dalla zona di comfort, creare una routine che gli consente di ottenere risultati importanti. Non tutti gli imprenditori lo vogliono fare e non tutti quelli che lo fanno ci riescono.

Per capire se un imprenditore è pronto o meno al cambiamento radicale della propria realtà bisognerebbe avviare una riflessione su tre fondamentali componenti dell'impresa: l'azienda, la famiglia e la proprietà. Primo se l'azienda ha il potenziale per fare il salto verso la globalizzazione, secondo se la famiglia è pronta ad affrontare un cambiamento radicale e terzo se la proprietà ha interesse a fare un salto verso la quotazione in borsa. Molto spesso le realtà aziendali familiari non hanno neanche questo obiettivo, pertanto basta loro assicurare il futuro nel territorio nazionale.

I cicli della vita: l'evoluzione del guanto

In queste ultime pagine vorrei trasferirti un altro spunto che per me è stato importante negli ultimi mesi e che mi ha dato tanta energia: il concetto delle stagioni del successo di Jim Rohn. Secondo Rohn qualsiasi storia di successo comincia con una persona distrutta mentalmente o finanziariamente e quando questo accade, vediamo in quella persona un senso di determinazione che viaggia verso il cambiamento, il miglioramento.

"È davanti alle avversità che le cose iniziano a cambiare, ed esse non cambiano mai da sole. Quindi siamo grati per le avversità, ma nel futuro dobbiamo farle lavorare per noi".

Con il concetto delle stagioni della vita, egli ci dimostra quanto essa sia ciclica e quanto possiamo fare perché le nostre stagioni possano diventare sempre migliori per noi. Come le stagioni segnano gli anni delle nostre vite, così i nostri stessi percorsi sono scanditi dalla comparsa delle stesse sotto il profilo umano, sentimentale, finanziario.

Dobbiamo cogliere sempre i momenti migliori in tutte le stagioni, saper preservare ciò che di buono ci offrono per affrontare al massimo le stagioni più difficili e fare in modo che essere durino il meno possibile. Così come la nostra vita è segnata da cicli temporali che ci investono a prescindere dal nostro volere, anche tutto quello che ci circonda e soprattutto in economia dalle aziende ai prodotti…tutto.

Ogni cosa è scandita sempre dal suo ciclo vita. Anche il guanto, prodotto che esiste nella mia vita sin dalla nascita, ha subito nei secoli dei cambiamenti dovuti al suo stesso ciclo vitale. Ovviamente per me è importante ai giorni nostri il ruolo che esso detiene ancora.

Vorrei darti dei buoni e validi motivi per indossare quell'accessorio che banalmente da sempre serve a molteplici usi: proteggerci, riscaldarci, darci stile e poi ancora distinguerci dagli altri. Il guanto è sinonimo di protezione delle mani, che sono la parte del corpo che più evidenzia i nostri stati d'animo e sentimenti.

Con la mano possiamo accarezzare un bambino, stringere un'amicizia, dare uno schiaffo, indicare una direzione, per questo la mano è sinonimo di azione, sensazione, emozione. Il guanto nel tempo ha avuto sempre un ruolo determinante nell'associare alla persona uno *status* e la classe di appartenenza. Da sempre è stato un oggetto di grande distinzione nelle classi sociali, dai romani ai tempi moderni. Da secoli personaggi illustri indossano i guanti con varie motivazioni, un accessorio intramontabile.

Dalla fine dell'800 all'inizio degli anni '20 del '900, i guanti avevano significato di buone maniere e di elevata educazione. Proprio in quell'epoca in cui la pomposità vittoriana lasciava spazio alla moda francese, con le sue *silhouette* ed abiti da sera aderenti, è nato il guanto lungo fino all'avanbraccio e ancora oggi è molto usato per le serate di gala o per il debutto di società di giovani donne dell'alta borghesia.

Per il giorno erano confezionati in pelle, di colori scuri come il blu o pastello e il rosa cipria, mentre per la sera, erano di seta ricamata e preziosa. In molti film possiamo ammirare l'eleganza che donano i guanti come Julia Roberts in "Pretty Woman" oppure Audrey Hepburn in "Colazione da Tiffany".

I guanti sono spesso utilizzati nei rituali e sono il simbolo di purezza, lusso, ricchezza. La regina d'Inghilterra segue ancora la regola del *bon ton* secondo cui nelle cerimonie ufficiali è tenuta ad indossare i guanti, mentre di sera può toglierli per preferire i gioielli della corona. All'origine di questa usanza c'era una motivazione igienica: i guanti proteggevano dalla trasmissione di alcune malattie per contatto.

Oggi, noi comuni mortali usiamo i guanti principalmente per proteggerci dal freddo e poco più, ma credo sia divertente ogni tanto vestire i panni di una donna di un'epoca passata, e mostrare un tocco di eleganza fuori dalle mode attuali. Lo stesso vale per l'uomo.

I guanti sono oggi parte integrante anche del look maschile, sia per il loro aspetto più pratico come difesa dal freddo, sia perché sono in grado di aggiungere un tocco in più ad un *outfit* autunnale o invernale. I modelli oggi presenti sul mercato sono di diverso tipo, ma principalmente si possono distinguere in base al materiale: in pelle o in tessuto.

Di grande fascino ci sono poi i guanti da guida, piuttosto difficili da sfilare e non adatti con le basse temperature, ma indubbiamente perfetti per attori del Calibro Steve McQueen negli anni '70. I guanti in pelle sono davvero raffinati e hanno un *mood* tradizionale, elegante e di carattere al tempo stesso.

Non sono ingombranti e per questo vengono usati da chi ha esigenza di non ostacolare i movimenti e il tatto. Per i mesi più freddi esistono dei modelli in pelle foderata in lana o *cashmere*. Essi presentano spesso uno stile particolare: decorati da cuciture e dettagli, con sfumature, ritagli, *effetti vintage* e nei modelli senza dita. Inoltre, i guanti in pelle sono versatili, adatti da indossare con un abito da ufficio, ma anche con *look casual* e informali.

Infine, è fondamentale definire quest'accessorio un elemento importante perché, non solo rende completo un outfit, ma facilita la comprensione del carattere di una persona e il suo modo di essere attraverso lo stile del guanto che indossa.

RIEPILOGO DEL CAPITOLO 4:

- SEGRETO n. 1: nel settore manifatturiero troviamo una grande quantità di imprese-famiglia che nascono per due motivi: uno per la maestria del capofamiglia, due per ragioni economiche relative ai capitali ridotti.

- SEGRETO n. 2: punti di forza: forte legame tra proprietà e dipendenti, visione lungimirante della vita dell'azienda; punti di debolezza: confusione tra patrimonio aziendale e familiare, diversificazione di vai rami dell'azienda.

- SEGRETO n. 3: la successione nelle imprese-famiglia a volte segue la strada maestra, ma spesso ultimamente quella della diversificazione risulta deleteria per l'azienda.

- SEGRETO n. 4: come mantenere la cultura del Made in Italy? Istituendo scuole di formazione per avvicinare i giovani alle tradizioni manifatturiere del nostro Paese, cambiare la mentalità dell'imprenditore. Come si evolverà il futuro per gli imprenditori e per le imprese familiari?

- SEGRETO n. 5: come le stagioni segnano la nostra vita. Tutte le cose sono segnate da un proprio ciclo vita. Il ruolo ciclico del guanto.

Conclusione

In questo momento storico di cambiamento epocale sono riuscita finalmente a completare il mio libro. Può sembrare assurdo, ma ho voluto cogliere quello che c'era di bello in quello che stava accadendo, dedicarmi al progetto per il quale, presa dalla routine quotidiana, avevo sempre poco tempo.

"La Tempesta Perfetta, proprio come la vediamo nell'omonimo film nell'autunno del 1991, l'Andrea Gail lasciò Gloucester (Massachusetts), e si diresse verso i siti di pesca dell'Atlantico settentrionale. Due settimane dopo, si verificò un evento mai avvenuto nella storia".

E proprio così, come la Tempesta Perfetta prendendo tutti alla sprovvista, ha stravolto il mondo, l'economia, le persone e le sue abitudini, i modi di vivere e di percepire la realtà. Tutte le ore trascorse in casa non potendo uscire, lavorare, o perfino accompagnare mia figlia a scuola, alle varie attività, il tempo passato a studiare, a leggere e rileggere il mio libro, mi sono servite a verificare se quello che ritengo importante ovvero i valori ai quali mi ispiro ogni giorno, possano essere condivisi insieme a te, ipotetico lettore al quale mi sono rivolta.

Se sono riuscita a traferirti quello che nel tempo ho vissuto e superato, se sei arrivato alla fine di questo libro sono già felicissima di averti comunicato qualcosa di me e del mio essere. Tutto il racconto delle mie esperienze e dei miei modi di affrontare le problematiche, gli approcci pratici e teorici potranno e dovranno servirti a comprendere che ce la puoi fare a cambiare le cose nella tua vita, nella tua azienda-famiglia o semplicemente azienda.

Se solo lo vuoi riuscirai a introdurre alcuni comportamenti importanti da seguire. Non è stata una strada facile da intraprendere, ma come più volte ho scritto con la perseveranza e la voglia di farcela, insieme alle persone che amo, ho compreso le mie priorità e quelle dell'azienda.

Se ti è piaciuto questo libro, il mio percorso, e hai piacere ad entrare in contatto con me puoi trovarmi qui:

- www. floraleva.it
- info@floraleva.it;
- whatsapp: 347.3415017

Ringraziamenti

GRAZIE! Ebbene sì questa parola così semplice, e allo stesso tempo ricca di significato, di amore verso qualcuno, qualcosa o verso la vita stessa, è sempre difficile da pronunciare, spesso per retaggi culturali o semplicemente abitudine. Ho imparato nel tempo che è importante proprio ringraziare, essere grata alle persone e soprattutto alla vita.

Prima di cominciare questo progetto il percorso è stato lungo, voglio ringraziare tutti mentori che soprattutto negli ultimi due anni mi hanno permesso di crescere ed arrivare a questa decisione. In ordine cronologico ci tengo a menzionare Marco Martone, Cinzia Scimia e Savino Tupputi che grazie a pochi incontri ed ai loro libri mi hanno trasferito le basi del coaching e della PNL, la referente commerciale della ABTG Elena Giordano che con tanta pazienza mi ha seguita nelle due edizioni del Wake Up Call, ancora Alfio Bardolla, Robert Allen e Giacomo Bruno che nei due WUC, in cui ho partecipato insieme al mio compagno, mi hanno permesso di aprire la mente a nuove opportunità e a comprendere il concetto della libertà finanziaria.

È giusto per me esprimere riconoscenza ad Alina Quintana e Carlo Carmine, conosciuti per caso nell'albergo dove alloggiavamo a Rimini, che mi hanno dato la spinta per cominciare il mio percorso con Giacomo Bruno al quale in una pausa del WUC ho avuto la possibilità di chiedere alcuni consigli. E ancora entrando in contatto con Bruno Editore, Rubina Guacci prima lasciando spazio a Claudio Aurigemma poi che, anche nei momenti di sconforto, mi ha incoraggiato in questo progetto. Ancora lo staff editoriale che si è adoperato nel lavoro finale per la pubblicazione del libro.

Ringrazio poi il Dott. Cosimo Talò che nella fase di studio e stesura del libro mi ha consigliato delle ricerche relative alle dinamiche psico-relazionali nelle imprese di famiglia.

Alla fine di questo lavoro, non posso far altro che dire GRAZIE a chi in questi 42 anni ha fatto parte della mia vita, a chi ha contribuito nel bene e nel male alla mia crescita personale e professionale.

Sono grata ai miei genitori Salvatore e Patrizia che mi hanno donato la vita, mi hanno amata e regalato sempre una fiducia incondizionata;

Ringrazio mia sorella Elisa, con la quale, da adulte siamo riuscite, nel rispetto dei nostri caratteri, e delle nostre caratteristiche peculiari, a costruire un rapporto che va oltre tutte le convenzioni. Il fato, il destino, o semplicemente Dio ha organizzato anche che avessimo il dono di un figlio nello stesso periodo di vita e questo ha fatto sì, che anche nel prenderci cura e nella crescita delle nostre splendide figlie, potessimo aiutarci l'una con l'altra e sentirle come nostre entrambe.

Ringrazio mio fratello Vincenzo che mi ha consentito, forse perché sorella maggiore, di esprimere sempre le mie paure, preoccupazioni e tutto il mio amore forse a volte in maniera assillante. Sin da piccolo, ho cercato sempre di supportarlo e oggi all'età di 35 anni e con una bellissima famiglia ho compreso che è cresciuto.

Ancora in ordine di arrivo nella mia vita sono grata per i "piccoli-grandi amori" o meglio il "futuro" della nostra famiglia, Giuseppe, Salvatore, Greta, Livia, e Francesca Pia! Guardandoli giocare insieme, penso ad un avvenire migliore fatto di sorrisi e amore incondizionato, quello che gli scienziati chiamano miglioramento della specie.

Ancora nel lavoro collaboratori, clienti e fornitori che tutti i giorni condividono con me la routine lavorativa e la gestione del quotidiano in tutti aspetti positivi e negativi.

Un ringraziamento speciale lo riservo a Livio, il mio compagno, che mi ha dato la forza di guardare dentro di me e vedere se c'era qualcosa da poter dare al mondo e a te che hai letto il mio libro. Ha scelto di fare insieme a me un viaggio alternativo, fuori dagli schemi, molte volte siamo caduti e altrettante, grazie all'amore reciproco, ci siamo rialzati.

Più di tutto e con grande umiltà, sono grata a quel lato del mio carattere che mi ha consentita di essere sempre forte anche nei momenti più bui e di pensare che la vita prima o poi ci avrebbe sorriso. Grazie al coraggio di donna, preso in prestito da mia madre, che mi ha dato la forza di non arrendermi mai e raccontarti l'impresa che insieme alla mia famiglia ho condotto e che ancora affronto.